SABINE LOHF

KNUTSELEN IN KLEURENLAND

SABINE LOHF

KNUTSELEN IN KLEURENLAND

casterman

Oorspronkelijke titel: *Lila Rot und Himmeblau - Das Farbenbuch für Kinder*

Nederlandse uitgave:

Nederlandse bewerking: Ann-Elisabeth Jansen
ISBN 90 303 1601 2
d. MCMXCII/0053/154
Printed in Italy

INHOUD

Op ontdekking in kleurenland ...

Kleurenland is overal waar je maar kijken kan. Kijk eens goed om je heen. Welke kleuren zie je? Ga op zoek naar de verschillende kleuren in je omgeving. Wat roepen de kleuren bij je op?

In dit boek verken je de ene kleur na de andere aan de hand van verschillende knutselsuggesties. Je leert de warme en de koude kleuren kennen, experimenteert met verschillende kleurcombinaties, mengt de grondkleuren en probeert van alles met kleuren uit.
Laat je fantasie de vrije loop. Je ziet wel wat er van je creativiteit terecht komt. Speel met kleuren. Dan leer je ze vanzelf goed kennen!

Dit heb je nodig:

waterverf
kleurkrijtjes
kleurstiften
kleurpotloden
houtskool

karton
wit/gekleurd papier
pakpapier

dikke/fijne penselen
oude lappen/vodden

Zwart

Zwart is geen kleur. Wit trouwens ook niet. Wel werk je er heel vaak mee als je met kleuren bezig bent. Je kunt zwart gebruiken om kleuren te verdonkeren, kleuren beter te doen uitkomen,...
Ga eens aan de slag met Oostindische inkt, zwarte verf, houtskool, zwarte viltstiften en zwarte kleurkrijtjes en probeer een zo zwart mogelijk vlak te maken. Het komt vast niet zo zwart over als je gewild had. Er zijn dan ook allerlei soorten zwart.
Zwarter dan zwart karton kan vast niet. Het is dan ook ideaal om er een “stad bij nacht” mee te maken. Knip er allemaal huisjes uit: grote en kleine huizen, flatgebouwen, en hier en daar een boom. Maak een stad door alle huisjes naast elkaar te zetten. Lijm de stad op papier dat je eerst met houtskool zwart gemaakt hebt.
Hoe komt je werk bij je over? Het ziet er vast donker en droevig uit.
Je noemt iemand die somber en verdrietig is dan ook een zwartkijker.

Hij ziet het niet meer zitten. Hij heeft een zwarte bril op en ziet alles even zwart.

Probeer je tekening eens wat op te vrolijken met een vrolijke kleur zoals geel.
Met een maan aan de hemel of verlichte raampjes. Of voel je misschien meer voor een sterrenhemel?

Als je een eenvoudige omtrek van een voorwerp tekent en die zwart inkleurt maak je een silhouet. Het laat de vorm van een voorwerp zien. Die vormen kun je zwart schilderen of uit zwart papier knippen en op een witte ondergrond plakken. Begin met eenvoudige vormen, een krokodil is aan de moeilijke kant.

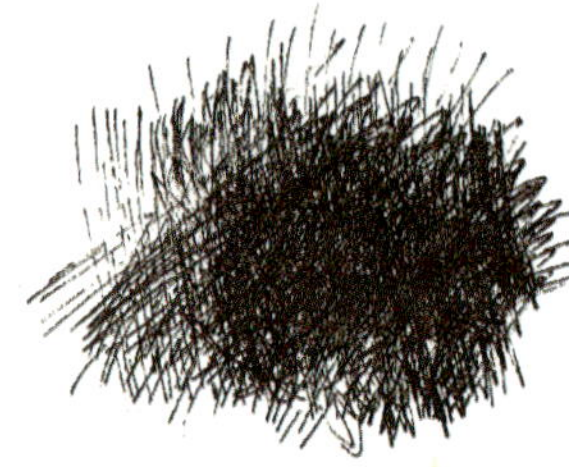

Er bestaan verschillende soorten zwart. Door allerlei verschillend materiaal te gebruiken heb je dat al gemerkt. Het is grappig te ondekken hoe hetzelfde zwart een ander effect kan hebben. Kijk naar de drie verschillende tekeningen met de poes. De tekeningen verschillen van achtergrond. De poes is op elke tekening dezelfde. Welke poes vind je er het liefst uitzien? Welke poes ziet er gemeen uit? Merk op dat zwart op een witte ondergrond veel intensiever overkomt en veel zwarter lijkt dan op een grijze.

Haal al je verschillende kleurkrijtjes te voorschijn: rood, geel, paars, blauw, oranje, groen, rose,... Breng de ene kleur naast de andere aan. Ga daarna overal overheen met een zwart kleurkrijtje. De verschillende kleuren zijn al snel niet meer te zien. Met een bot mes of de achterkant van een pen kun je nu een tekening in het zwart krassen. De kleuren komen weer tevoorschijn.

Wit

Wit is het tegenovergestelde van zwart. Wit is mooi licht. Toch kan het grijs overkomen op een zwarte ondergrond. Teken maar eens met een wit krijtje op een lei of een schoolbord.
Wit wordt vaak als ondergrond gebruikt. Maar met wit zelf kan dat natuurlijk niet. Dan kun je niets meer onderscheiden.
Maak een sneeuwman.

Welk blauw kies je?

Schilder eerst je tekenpapier in een andere kleur als je geen donker tekenpapier hebt. Hoe donkerder het papier, hoe witter de sneeuwman overkomt. Welke kleur vind je koud overkomen? Blauw is een koude kleur en is dan ook een goede ondergrond voor de sneeuwman. Wikkel een lap om je vinger, doop hem in de witte verf en schilder een sneeuwman met sneeuwvlokjes. Maak een tweede sneeuwman met kleurkrijtjes. En een derde met plak en scheurwerk.

Welke sneeuwman vind je het mooiste geworden? En met welk materiaal werk je het liefste?

Er zijn natuurlijk nog veel meer manieren om een sneeuwman te maken. Probeer er zelf nog een paar uit.

Met een silhouet werken is ook een mogelijkheid. Met deze bruine beer zie je hoe het moet. Hij is geknipt uit pakpapier en op de ondergrond geplakt met afdeklijm. Na het blauw verven van de ondergrond is hij weer van het papier gehaald. En daar stond de ijsbeer!

Stof kun je ook gebruiken om knutselwerkjes te maken. Met wat kant maak je bijvoorbeeld een bruidsjurk. Als ondergrond voor knutselwerkjes en schilderijtjes zijn de rechthoekige kartonnen bordjes van bij de slager ideaal. Als je die gekartelde rand in een andere kleur verft heb je je schilderijlijst.

Je kunt kleuren verdoffen door ze met grijs te mengen.

Onder moeders paraplu

Grijs

Als je zwart met wit mengt krijg je grijs. Je hebt verschillende schakeringen grijs. Het hangt er vanaf of je meer zwart of wit gebruikt. Dan krijg je of lichtgrijs of donkergrijs. Voeg stapjesgewijs wit aan zwart toe. Probeer ook eens met andere kleuren uit je verfdoos grijs te krijgen. En ja hoor, als je blauw, rood en geel mengt krijg je ook grijs.

Breng regen aan op tekeningen. Hoe kun je motregen, hagel, mist, ... het beste weergeven? Het regent pijpestelen als je boven een tekening van een landschap of stad een grote dikke wolk maakt van waterverf. Het gaat vanzelf uit de wolk regenen als je het papier een beetje schuin houdt. Het regent dat het giet. Probeer ook eens een motregen met voorzichtige spatjes van waterverf te maken of een hagelbui met felle streken van zwart en wit kleurkrijt.

Blauw

Blauw is de kleur van de trouw. Waar doet blauw jou aan denken? Aan de zee, de lucht,...
Als je een schilderijtje van de zee wil maken met waterverf die heel erg waterig is kan het papier gaan rimpelen. Daar kun je wat aan doen. Kleef met crêpe-plakband het papier op een houten lijst.
Als je geen houten lijst hebt maak je het papier gewoon vast op een houten plank.
Op deze tekening is het blauw met een dik penseel in strepen opgebracht en steeds maar weer met water verdund. Er schemert een beetje groen en turkoois door het blauw. Met de watergeest is het uiteindelijk een sprookjesachtige tekening geworden.

Probeer er eens wat beter op te letten hoe de lucht er uit ziet. ‘s Ochtends, ‘s avonds,... de lucht is altijd weer anders. De wolken nemen steeds weer andere vormen aan. De blauwe hemel is vaak gelig of roodachtig wanneer de zon schijnt. En ‘s nachts lichten de sterren en de maan de hemel op.

De tekening van het natuurlandschap is hemelsblauw. Eerst teken je de witte wolken met waskrijtjes. Dan breng je op het hele vel papier

blauwe waterverf aan. De waterverf wordt afgeketst door het kleurkrijt. De donkerblauwe sterrenhemel is ook zo gemaakt. Daarbij is het blauw met een beetje zwart en rood gemengd. Daarom ziet de lucht er donkerder uit en iets warmer.

Kijk om je heen wat je allemaal aan blauws ziet. Er bestaan veel blauwe bloemen. Zoek ze eens op. Het vergeet-me-nietje, de korenbloem, het viooltje,...

Deze leuke vogeltjes kun je maken met een vingerafdruk van blauwe verf.

Geel

Geel is een warme kleur, vooral fel geel. Voel jij je ook zo vrolijk worden van de kleur geel?
Met gele vingerverf kun je je uitleven.
Een zon maken is gemakkelijk.
Je zou het zelfs eens met je voeten kunnen proberen.

Geblazen zonnebloemen maak je zo: op een groot vel papier breng je dikke klodders verf aan.
Met een rietje blaas je op de verfklodder.
De verf gaat die kant op waar je heen blaast.
Zo ontstaan de bloemblaadjes.
De stengels, de blaadjes en de donkere puntjes maak je er daarna bij.
Een groot veld zonnebloemen is het resultaat.
Kijk maar op bladzijde 24.

Neem een wit of gekleurd vel tekenpapier en vouw dat dubbel door de twee korte zijden op elkaar te leggen.
Vouw het vel weer open.

Beschilder nu de ene helft van het vel. Zorg ervoor dat de waterverf goed nat is, zodat de vlek die je schildert niet de kans krijgt vroegtijdig op te drogen. Klap het vel samen, voor de verf opdroogt.
Ga een paar keer met je vlakke hand over de dichtgeklapte kaart. Sla nu het vel voorzichtig open. De kleur staat op de twee kaarthelften afgedrukt. Het leuke van deze techniek is, dat je van te voren nooit precies weet hoe het eindresultaat eruit zal zien.

Met gele verf maak je een citroenvlinder. Je kunt natuurlijk ook verschillende kleuren gebruiken. Dan vermengen de kleuren zich en krijg je heel bijzondere vlinders.

Groen

Marijke, Marijke, wat kost je groene thee?
Ik heb ze van negen, ik heb ze van tien,
van twaalf kan ik je laten zien.
Marijke, Marijke, wat kost je groene thee?

Als je geel met blauw mengt krijg je groen.
De ene keer krijg je geelgroen, de andere keer lichtgroen, blauwgroen of felgroen. Zet deze verschillende groenschakeringen eens op een vel papier. Al snel heb je een groene weide, zo groen als gras.
Wanneer je alle verschillende kleurschakeringen met de penseel aanbrengt heeft dat een streperig effect. Schilder ook eens met je vingertoppen, dan krijg je groene vlekken. Doop je wijsvinger steeds weer in het water en in de verf om al stempelend een kikker of een krokodil te maken.

Met boomblaadjes kun je ook stempelen. Leg een verzameling aan van plantebladeren uit je omgeving. Kies bladeren met verschillende vormen en patronen. Bestrijk de stugge kant van het blad met dikke verf. Druk het daarna af op het papier.
Probeer het ook eens op een groene ondergrond en stempel daar rode blaadjes op. Die schitteren dan mooi. Dat komt door de combinatie rood en groen. Zet rode en groene strepen vlak naast elkaar. Kijk er maar eens goed naar. Zie je sterretjes?

Voor deze krokodil heb je nodig: een penseel, je vingers, witte, rode, blauwe, groene en gele verf.

Rood

Elke kleur roept weer andere gevoelens op. Rood is een warme kleur. Misschien wordt rood daarom de kleur van de liefde genoemd? Rood kan heel verschillend zijn. Zoek eens naar verschillende schakeringen rood. Een paprika, een aardbei, een framboos, een tomaat, een radijs en een kers... zijn allemaal verschillende schakeringen rood. Probeer deze verschillende tinten weer te geven. Rood met een beetje zwart wordt paprikarood, rood met wat blauw en wit wordt framboosrood. Aardbeirood zit vast in je verfdoos. En 't rood van de tomaten en de kersen? Dat moet je zelf maar eens uitproberen. Je hebt lichtrode en donkerrode kersen.

Scheur uit zijdepapier verschillende stukjes papier. Plak ze op karton en maak zo een rode klaproos.
De echte bloemblaadjes van een klaproos zien er ook heel fijn en zijdeachtig uit.

Rood kan hitte bij je oproepen. Kijk maar eens naar deze tekening. Het stelt een kampvuur voor. Probeer het zelf ook eens. Breng rood en geel telkens maar weer op elkaar aan. Let er op dat je de kleuren heel dik aanbrengt. Vraag dan aan een ouder of hij mee wil helpen. Doop een oude lap in een verdunner of terpentine. Dit stinkt en is giftig. Wees dus voorzichtig en doe dit nooit alleen. Met een lap meng je de kleuren met elkaar. Zo ziet het vuur er gevaarlijk uit. De brandweerauto's staan klaar om te blussen. Probeer er eens een na te maken met viltstift. Maak eerst de omtrek en begin dan pas met kleuren.

Oranje

Waar doet de kleur oranje je aan denken? Aan een sinaasappel, de zon,...
Bij een zonsondergang komt de oranje zon mooi uit tegen de gekleurde hemel. De lucht is lila, rood, rose en oranje en je kunt ook wat blauw en groen ontdekken. Probeer zo'n kleurentafereel te schilderen. Meng de verschillende kleuren met rood: rood met zwart; rood met bruin; rood met blauw; rood met wit en ook nog rood met geel. Dat wordt oranje.

Oranje is een warme kleur. Als je wil dat je tekening warmte oproept kun je veel oranje gebruiken.

Oranje maak je door geel en rood met elkaar te mengen.

Daar zijn de appeltjes van oranje weer.
Sinaasapp'len zoek ze zelf maar uit.
Grote,kleine,'k heb z'in elke maat.
Bijt er 's in, 't sap langs je kin.
Zo roept die man op de straat (Ja)
Daar zijn de appeltjes van oranje weer.

Rose

Maak rose avondwolken op transparant papier. Plak ze op je raam. Als je dan naar buiten kijkt is het alsof er rose wolkjes aan de blauwe of grauwe hemel staan.
Je kunt het ook eens uitproberen met een vrolijk geel zonnetje of sterretjes en de maan.

Gebruik een kurk als stempel.
Van zo'n rose rondje kun je een varkentje maken. Kijk maar naar dit voorbeeld op de bladzijde hiernaast.
Als je een groot vel tekenpapier volstempelt met rose varkentjes heb je zelfgemaakt kadopapier.
Een vel papier met een paar varkentjes erop is gezellig briefpapier.
Stempel ook een paar varkentjes op de enveloppen.

Veel dieren hebben rose snuiten of
neuzen.
Een duwtje met rose vingerverf en de
snuit staat op papier.

Paars

Waar doet paars je aan denken? een anemoon, een pruim,...
Teken met blauwe en rode kleurkrijtjes de pruim op dezelfde manier als je dat met het kampvuur op blz 32 gedaan hebt. Gebruik ook hier een lap met wat terpentine om de kleuren te mengen. Opgepast: laat een ouder, grote zus of broer je hierbij helpen.
De pruim komt mooi uit op de rode en blauwe achtergrond.

De tovenaar uit Kleurenland
Heeft geen toverstafje in zijn hand.
Maar met wat kleuren en een
verfkwast
heeft hij al heel wat kinderen verrast.
Hij heeft hun toen zijn trucjes
willen leren.
En al snel zijn ze het
gaan uitproberen :

Hokus pokus met wat franje
Rood en geel wordt oranje
Hokus pokus met een zoen
Blauw en geel wordt groen
Hokus pokus met wat raars
Rood en blauw wordt paars

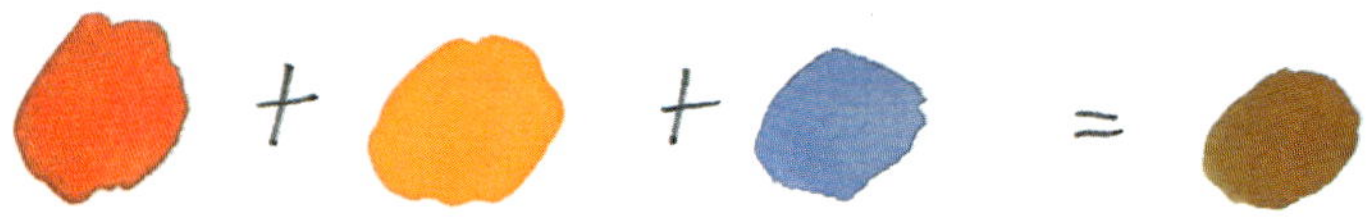

Bruin

Waar denk je aan bij de kleur bruin? Warme chokolademelk, een kastanje, een dikke beer, spekulaas of ...
Ontdek zelf welke kleuren je moet mengen om bruin te krijgen. Pak je verfdoos erbij en ga aan de slag. Probeer het mengen steeds weer opnieuw en geef het niet op totdat je het gevonden hebt.
Ben je eruit gekomen? Ja hoor, je krijgt bruin als je rood, blauw en geel met elkaar mengt.
Zoek een onderwerp uit waarbij veel verschillende bruinschakeringen aan bod komen: een bos, een hol met veel onderaardse gangen, gedroogde bladeren,... En ga aan het schilderen.

Een dikke bruine beer is gemakkelijk te maken met wat scheur- en plakwerk. Gebruik kleurkrijtjes en -potloden om zijn ogen, oren en poten aan te geven.

'k Zag twee beren
broodjes smeren
o, het was een wonder.
't was een wonder,
boven wonder
dat die beren smeren konden.
Hi, hi, hi, ha, ha, ha!
'k Stond erbij en ik keek ernaar.

De kleuren van de regenboog

Om een regenboog te kunnen zien moet hij vrij laag aan de hemel staan. Als je er nog nooit een gezien hebt kun je er zelf een maken met de tuinslang. Ga met je rug naar de zon staan en richt de spuit met een fijne straal omhoog. Dan zie je een regenboog. In een regenboog komen alle kleuren voor: rood, oranje, geel, groen, blauw en paars. Met de kleuren rood, geel en blauw -deze kleuren noemen we de grondkleuren- kun je zelf alle kleuren van de regenboog tevoorschijn toveren.

"...de zon die uit de regen kleur kan wekken.
Luister, en kijk! Ontdek wat het beduidt;
De wonderen zijn de wereld nog niet uit."
Han G. Hoekstra

De regenboog ontstaat door het zonlicht dat gebroken wordt door regendruppels.

Rood, geel en blauw zijn de drie grondkleuren.

Als je rood met geel mengt krijg je oranje.

Rood heb je al.

Als je rood met blauw mengt krijg je paars.

Als je geel met blauw mengt krijg je groen.

Blauw heb je al.

Geel heb je al.

Drie grondkleuren verdonkerd met zwart en opgelicht met wit

De kleurencirkel

Deze kleurencirkel verduidelijkt de onderlinge samenhang tussen de kleuren. Blauw, paars en groen zijn de koude kleuren; geel, oranje en rood de warme. De drie grondkleuren blauw, rood en geel worden ook wel de primaire of hoofdkleuren genoemd. Deze kleuren kun je niet maken door andere kleuren met elkaar te mengen. Dit in tegenstelling tot de andere kleuren uit de cirkel.
Merk ook de kleuren op die tegenovergesteld aan elkaar zijn.
Paars tegenover geel, oranje tegenover blauw, groen tegenover rood.
Deze tegenover elkaar staande kleuren noem je contrastkleuren of complementaire kleuren. Als je deze kleuren naast elkaar zet zijn ze heel opvallend. Kijk maar eens naar het rode paasei op het grasveld, de vrouw met de rode jas aan in het bos of de citroen in de paarse fruitmand.
Het is een en al schittering.

Dit is een kleurencirkel.

Kleuren die in de kring
tegenover elkaar staan zijn
contrastkleuren.

Een tentoonstelling

Kleuren moet je tot je laten doordringen. Dat heb je gedaan door je fantasie uit te leven in tekeningen, schilderijtjes en knutselwerkjes. Je hebt er intussen vast wel genoeg om een tentoonstelling te organiseren. Met mooi weer kun je je tekeningen aan de waslijn ophangen. Stuur vrienden en familie zelfgemaakte uitnodigingen met bijvoorbeeld een zonnetje (blz 23) of vlinders (blz 25) erop. Zorg voor een leuke rondleiding waarbij je vertelt wat je allemaal over de kleuren geleerd hebt.

Na het bezoek aan je tentoonstelling is het leuk met je bezoekers samen een reuze schilderij te laten maken. Dan heb je een bijzondere herinnering aan deze dag. Rol op de grond een groot vel papier uit. Zet er allerlei verfpotten , spoelwater en penselen bij.
Nu is het hun beurt.

Dat ben ik.
Met rood haar.
Mijn vrienden hebben
dit reuzeschilderij
gemaakt.
Sofie heeft
het gezicht
geschilderd.
De jas is van
Bjorn en Kevin.
Saartje heeft
de broek
geschilderd.
De schoenen heeft
Lars gemaakt.